Vorwort zur Neuauflage

Mehr als drei Jahre sind vergangen, seit mit den Vorbereitungen begonnen wurde zur Herausgabe dieses Buches. Für die Neuauflage bin ich gebeten worden zu erzählen, was sich seitdem zugetragen hat.

Ich muß wirklich sagen, mein Leben hat sich in dieser Zeit unglaublich verändert. Ich war es gewohnt, mich intensiv mit archäologischen Studien zu befassen und sah darin meine Zukunft. Doch das Leben hielt entscheidende Ereignisse für mich bereit. In der Begegnung mit einigen besonderen Menschen gelangte ich zu der Einsicht, daß ich die mir zuteil gewordene Gabe, Botschaften aus der Engelwelt zu empfangen, nicht ausschlagen kann. Immer mehr wurde mir bewußt, daß es nicht meine Lebensaufgabe ist, in einem Museum zu sitzen und die Botschaften und das Wissen für mich zu bewahren. Das erschien mir als sehr egoistisch. Und obwohl ich nicht erwartet hatte, daß die Wandlungen so schnell eintreten würden, folgte ich dem Impuls des Lebens.

Die tiefgreifendste Wandlung vollzog sich im vergangenen Winter, im Februar 1999. Durch d…
erhaltenen Botschaften wurde mir kla…
Zeitspanne, in der wir uns ge…
nicht nur für die En…
der Menschheit all…
auch für die Zivilisa…
samtheit. Ich spürte …
daß wir Menschen u… …gnen
können, daß wir uns … gemeinsam
einstimmen auf die Er… …änderungen und daran
mitarbeiten

So habe ich mich entschlossen, meine Studien ruhen zu lassen und mich ganz der neu entstandenen Lage zu widmen. In dieser Zeit der Entscheidung leite ich an verschiedenen Plätzen Europas Workshops und halte Vorträge, die der Heilung der Städte und Orte dienen. Mit meiner Arbeit versuche ich, so gut wie es mir nur gegeben ist, Licht in das Leben zu bringen, in die Welt und zu den Menschen... Dafür empfange ich Botschaften vom Engel Michael, die vom Leben und den Menschen handeln, von ihrer Aufgabe und Stellung in der Welt, von Liebe, Beziehungen und vielem mehr. Ich hoffe, daß diese Botschaften bereits im nächsten Jahr auch in Deutschland veröffentlicht werden können.

Ich setze mein Leben dafür ein, daß wir Menschen erkennen, wer wir sind und was uns als Rolle zugedacht und damit ermöglicht worden ist.
Ich fühle in mir den Entschluß reifen, an den Orten auf der Welt zu arbeiten, wo Hilfe am dringendsten erforderlich ist, ganz besonders dort, wo Haß wieder in Liebe zu verwandeln ist. Das ist gegenwärtig mein großer Wunsch, ja ich kann sagen mein großer Traum, den ich zukünftig mit aller inneren Kraft und Energie verwirklichen möchte. Den Weg der Erfüllung kenne ich jetzt noch nicht, aber ich bin sicher, das Leben wird mich zur rechten Zeit an den rechten Platz und in Verbindung mit den Menschen bringen, auf die es dann ankommen wird, so, wie es bisher immer geschehen ist. An dieser Stelle danke ich nochmals meinen geliebten Eltern und Freunden, die mir dabei geholfen haben, neue Türen in meinem Leben zu öffnen, und Peter Vieweger, der das Erscheinen von „Licht des Herzens“ ermöglicht hat.

Ana Pogačnik, Zürich, 12. Juni 1999

INHALT

Einführung

Wer eines meiner letzten drei Bücher gelesen hat, sei es “Elementarewesen”, “Schule der Geomantie” oder “Wege der Erdheilung”, dem ist der Anteil meiner Tochter Ana an meinen Geomantie- und Erdheilungsprojekten nicht entgangen. Sie hat unzählige Informationen aus der Engelwelt beigesteuert, durch die meine Bestrebungen oft unterstützt und auf dem Wege zur Verwirklichung gelenkt worden sind. Das Werk von Ana Pogačnik dürfte im deutschsprachigen Raum nicht unbekannt sein.

Durch das vorliegende Buch wird ein anderes, nicht weniger umfangreiches Gebiet ihrer Kommunikation mit der Engelwelt vorgestellt, eine Auswahl aus den Botschaften, die sie seit sechs Jahren von einem Engel der Inspiration erhält. Es hat 1990 begonnen, als sie von der geistigen Welt gefragt wurde, ob sie bereit sei, ihre intuitiven Fähigkeiten einem Engelwesen anzubieten, das durch Zeichnungen - Botschaften den Menschen in dieser Epoche der tiefgreifenden Wandlungen helfen möchte. Dieser Engel ist im Gebiet der bildenden Künste als Inspirationsspender tätig. Mit den Zeichnungen, von denen hier einige publiziert sind, ist er jedoch bemüht, bei der geistigen

Entwicklung des Menschen zu helfen. Die Kommunikation verläuft so, daß das Engelwesen die Zeichnung durch Kraftimpulse hinüberschickt, gekoppelt mit der Intuition der Autorin, so daß ihre Hand beim Zeichnen geführt wird.

Danach übersetzt Anas Lehrerin aus der geistigen Welt die Zeichnung in die menschliche Sprache und sendet sie auf dem Wege der Intuition hinüber, um in slowenischer Sprache aufgeschrieben zu werden.

Über die geistigen Hintergründe der Botschaften hat der persönliche Engellehrer der Autorin während der Vorbereitungen zu diesem Buch folgendes erklärt: „Es ist die Zeit gekommen, da ihr Menschen wiederum begonnen habt, die verlorenen Verbindungen zur Engelwelt aufzunehmen. Das Lernen wäre für Euch ohne die Hilfe der Engel zu schwer. Das menschliche Leben ist zu kurz, um Eure Entwicklung innerhalb einer Lebensspanne zur Vervollständigung zu bringen. Deswegen wird eine Intelligenz benötigt, die ununterbrochen präsent ist und die Übersicht hält über Zeiträume, die viel umfangreicher sind als ein Menschenleben allein. Ohne diese Übersicht, die durch Engel getragen wird, würden sehr wichtige Informationen verlorengehen. Sie müßten immer neu endeckt werden, was unnötigerweise viel Kraft und "Zeit" nehmen würde.

In den früheren Epochen wart ihr Menschen jeder für sich so tief mit uns verbunden, daß wir gar nicht als eine äussere Kraft wahrgenommen wurden - so wie das heute ist -, sondern wir waren ein Teil eines jeden Menschen. Nun werdet ihr Menschen manches lernen und allerlei Erfahrungen sammeln müssen - leider auch die bitteren -, bis ihr wieder fähig werdet, einen Teil von uns in euch zu tragen, als ob es ein Teil von euch wäre." Er meinte weiter, die Botschaften - inzwischen gibt es schon über tausend davon - stellen eine Hilfe dar, damit wir Menschen die Stufe der Selbsterkenntnis erreichen können, die für die Wiederverbindung mit der Engelwelt nötig ist. Gleichzeitig wird durch die Botschaften schon eine Brücke zwischen der Engel- und Menschenwelt gebaut, „denn ihr seid eins mit uns, wenn ihr euch mit den Botschaften - Kräften dieser Zeichnungen einstimmt. So wird der erste Schritt zur Wiederverbindung schon getan".

Wie kann man die Botschaften sinngemäß wahrnehmen? Als erstes möchte ich aus meiner Erfahrung einen meditativen Weg vorschlagen, bei dem zuerst der wörtliche Teil der Botschaft gelesen wird, um sich bewußtseinsmässig mit ihrem Inhalt vertraut zu machen. Danach schließe die Augen und halte die dazugehörende Zeichnung in Brusthöhe, um sie durch das Herzchakra zu betrachten. In den sich verflechtenden Linien ist nämlich ein verbal unausdrückbarer Reichtum an Weisheit enthalten, der mit dem Herzen wahrgenommen werden kann.

Es ist auch möglich, das Buch als eine Art Orakel zu gebrauchen, indem der Mensch sich für einige Momente in die innere Stille versenkt und danach das Buch an "beliebiger" Stelle öffnet. Die Botschaft, die sich dadurch ergibt, sollte so gelesen werden, als ob sie genau für einen selbst und den gegebenen Moment angeboten würde. Ich kenne einige Personen, die das Buch auf diese Weise jeden Morgen oder angesichts wichtiger Ereignisse öffnen, um eine Inspiration zu bekommen für den Tag oder das bevorstehende Ereignis.

Beide Methoden können auch kombiniert werden, und weitere Wege lassen sich finden. Jeder ist frei, den eigenen Zugang auszuarbeiten. Viel Freude dabei!

Srakane, 4. September 1996

Gespräch mit Ana

Ana, kannst Du beschreiben, wie die Botschaften und Zeichnungen entstehen?

Es handelt sich um Kraftmuster, die ich aus einer Engelquelle erhalte und die ich mit der Hilfe meiner Geistlehrerin in eine dem Menschen näherliegende Ausdrucksform übersetze, in die Wörter. Wann immer ich möchte, kann ich mich innerlich mit einem bestimmten Engelwesen verbinden, das den Wunsch hegt, den Menschen durch diese Zeichnungen - Botschaften zu helfen. Die Beziehung zu ihm verläuft durch meine Seele, die ein Verbindungsglied darstellt zwischen den Engelwesen und mir und bei der Übertragung und Übersetzung der Kraftimpulse hilft. Mittels dieser Kraftimpulse wird meine zeichnende Hand durch den Engel geführt. So entsteht die Zeichnung, die schon die ganze Information in sich trägt. Wie gesagt, Worte sind nur eine Hilfe, damit wir die Botschaften verstehen können. Es ist halt so, daß wir noch immer alles, was an uns herankommt, mit dem Kopf zu verstehen versuchen und nicht mit dem Herzen.

Wie lange verfügst Du schon über diese Fähigkeit und wie war es, als es anfing?

Ich möchte lieber das Wort Gabe als Fähigkeit gebrauchen. Von dieser Gabe habe ich 1990 angefangen Gebrauch zu machen. Die Entwicklung, die dazu führte, und die Vorbereitungen liefen von meiner Geburt an. Ich hatte das Glück bei Eltern geboren zu werden, Marika und Marko, die uns drei Schwestern mit Liebe und Herzenswärme erzogen haben. Ich meine, das ist das Höchste, was man als Kind bekommen kann. So kann ich noch heutzutage aus dieser Lebensquelle schöpfen. Das ist eine Grundlage, auf der ich meine Persönlichkeit aufbauen konnte, und vor allem wurde dadurch auch schon der Weg bereitet, auf dem mein Leben weiterverläuft. Wir lebten in einer engen Beziehung zur Natur, was sehr hilfreich war bei der Entwicklung und Verfeinerung meiner Sensibilität. Auch wurde die Qualität der Geistigkeit, seitdem ich mich erinnern kann, in unser tägliches Leben eingewoben. Das alles hat meine Entwicklung beeinflußt und gab mir Richtlinien.

Mein Vater, Marko Pogačnik, schließt als Bildhauer seine Kunst in Projekte der Erdheilung ein, die europaweit ausgeführt werden. Schon als Kind fühlte ich mich davon angezogen. Ich hatte das Glück, meine Eltern auf ihren Reisen während der Erdheilungsprojekte in der Ferienzeit zu begleiten und mit diesen Inhalten vertraut zu werden. Durch solche Umstände und Erfahrungen hat mich das Leben bis zu dem Punkt geführt, an dem ich fähig wurde, die erwähnte Gabe zu erkennen und anzuwenden.

Ich war 16 Jahre alt, als ich zum ersten Mal bemerkte, daß ich mit Hilfe meines Körpers Kraftschwingungen wahrnehmen kann. Ich stand in einer Kirche und bemerkte plötzlich, daß mein Körper im Bereich der Knie zu schwingen begann. Auf diese Weise habe ich angefangen, verschiedene Kräfte unterscheiden zu lernen. Das war der erste Schritt, einige Wochen später folgte der zweite. Während einer Meditation, bei der ich damit beschäftigt war, positive Kraft an bestimmte Orte zu schicken, die ich liebe, bewegten sich meine Hände von alleine. Durch die auf diese Weise sensibilisierten Hände habe ich als erstes schwere Kopfschmerzen bei mir selbst geheilt, die mich dauernd plagten. Als ich realisierte, daß ich heilen kann, habe ich verschiedenen Bekannten aus meinem Umkreis helfen können. Alles kam so schnell und spontan zustande. Ein halbes Jahr nach dem ersten Schritt habe ich das erste Mal eine Botschaft von meiner Geistlehrerin bekommen. Ich übte Klavier, als meine Hände unwiderstehlich zur Seite gezogen wurden. Ich konnte sie einfach nicht mehr über den Tasten halten. Danach habe ich mich vertieft, um herauszufinden, worum es sich handelt und dabei entdeckt, daß sich meine linke Hand nach der Form der Buchstaben bewegte. So lernte ich eine neue Art von Sprache kennen, die immer direkter und klarer wurde.

In der nächsten Phase habe ich dann angefangen, die in diesem Buch publizierten Zeichnungen und Botschaften zu empfangen. Ich erzähle dies, um zu zeigen, daß es im Laufe des Lebens gilt, sich bereitzuhalten und zuzulassen, daß es zu einer natürlichen Entfaltung kommt. Man soll nicht ungeduldig sein und versuchen, mit Gewalt etwas zu erreichen - das bringt nur Schaden. Alles kommt im rechten Augenblick. So geschah es auch, daß ich im richtigen Moment die Einladung erhielt, einen Artikel über ein Erdheilungsprojekt meines Vaters zu schreiben, das 1992 im Norden Irlands realisiert wurde. Ich habe um geistige Hilfe beim Schreiben gebeten, und dadurch wurde mir ein neuer Weg der Kommunikation mit der Engelwelt eröffnet, der ganz unmittelbar ist. Das geht so, daß mir die Antwort auf meine Frage unmittelbar, nachdem ich mich mit einem Engel verbunden habe, klar wird. Ich höre keine Stimme, ich sehe keine Schrift, sondern bekomme die Inhalte einfach zu wissen und kann sie niederschreiben. Auf diese Weise begannen Informationen schneller zu fließen, und immer mehr Engel und Engelmeister stellten mir verschiedenes Wissen zur Verfügung.

Du hast schon drei Bücher in Slowenien veröffentlicht. Bekommst Du Reaktionen von Lesern, und wenn ja, welche?

Viele Leute melden sich und danken mir, obwohl ich mich nur als eine Mittlerin fühle, die helfen kann, daß Engelbotschaften Menschen erreichen können. Einige Menschen nutzen meine Bücher als Inspiration für ihr Leben. Das Buch wird täglich konsultiert, und die Botschaften werden befolgt. Einige verwenden es in schwierigen Momenten ihres Lebens, z.B. bei wichtigen Entscheidungen. Für andere wieder ist es eine Art Mantra bei der Meditation. Es gibt mehrere Anwendungsgebiete, und es hängt vom Einzelnen ab, welche er wählen möchte.

Was empfiehlst Du den LeserInnen für den Umgang mit dem Buch?

Alles, was nötig ist, wäre das Herz zu öffnen. Die Botschaften sollten mit Liebe empfangen werden, so wie sie liebevoll an uns gegeben worden sind, damit wir sie in unser Leben einbeziehen können. Wie gesagt, können wir sie als Wegweiser annehmen, die uns unsere Wandlungen weisen, Richtungen angeben und Unterstützung bieten. Um sie vollständig verstehen zu können, sollten wir uns zuerst vergegenwärtigen, daß jeder von uns eine vollkommene Ganzheit darstellt und dadurch Teil der göttlichen Kraft ist. Man sollte nur lernen, das Herz zu öffnen und die Gaben anzunehmen.

Ich habe die Empfindung, daß die Formen sowohl statisch als auch dynamisch in ihrem Bewegungsablauf sehr hilfreich sind. Kannst Du dazu etwas sagen?

Wie bereits erwähnt ist die Information durch die Form der Kraftschwingungen schon vollständig in der Zeichnung selbst enthalten. Die Botschaft ist dort sogar reiner, klarer und unmittelbarer eingeschrieben. Es gilt nur, sich ihr gegenüber liebevoll zu öffnen und zu erlauben, daß die Kraft hereinfließt und uns durchflutet.

In einem Deiner Bücher hast Du Formen zum Kolorieren angeboten, je nach persönlicher Empfindung. Ist das bei diesem Buch auch möglich?

Ich kenne Leute, die ihre Beziehung zu diesen Botschaften durch das Kolorieren aufbauen. Das ist eine der verschiedenen bereits erwähnten Möglichkeiten, wie man sich den Botschaften nähern kann. Ich möchte dabei nur warnen, daß es nicht gut sein mag, die Zeichnungen vergrößern zu lassen, weil sie dadurch überstark werden. Ich kenne einen Fall, wo eine über dem Bett aufgehängte vergrößerte Zeichnung Schlafprobleme verursachte, da ihre Wirkung zu stark wurde. Dazu kommt, daß diese Botschaften für die Aktivität des Tagesbewußtseins bestimmt sind und nicht für den Schlafzustand, das verstärkte zusätzlich die Schwierigkeiten.

Kannst Du erzählen, welche Mitteilungen Du außer denen, die sich im Buch befinden, noch erhältst, und mit wem Du dabei zusammenarbeitest?

Am zahlreichsten sind die Botschaften eines Erdheilungsengels namens Devos, die dem Einblick in die Kraftstrukturen der Orte und Länder gewidmet sind. Es gibt genügend davon, um ein dickes Buch zu füllen. Anhand dieser Botschaften arbeite ich bei den Erdheilungsseminaren meines Vaters mit. Der Engelmeister gibt mir Einblick in die ganzheitliche Gestalt eines Raumes, Schwierigkeiten, die ihn plagen und weist Vorgehensweisen, wie diese zu beseitigen bzw. zu reinigen sind. Ich erhalte auch Botschaften über die Heilung durch Musik und Farben, ebenso über die Kraftstrukturen des Menschen.

Als Studentin der Archäologie interessiert es mich, wie ein Landschaftsraum durch vergangene Kulturen genutzt wurde. Darüber erfahre ich vieles durch Botschaften eines "Engels der Erinnerung". Hinzu kommen "ökologische" Botschaften über die Hilfe, die der Mensch unserem Planeten leisten kann und die täglichen Botschaften, von denen eine kleine Auswahl in diesem Buch publiziert wird. Leider habe ich wegen meines Studiums nicht genügend Zeit für all diese Quellen der Botschaft. So kommt es, daß alle Quellen gegenwärtig im Stillstand warten, mit Ausnahme der erstgenannten.

Welche Bedeutung hat das Buch für Dich selbst, und wie gehst Du damit um?

Diese Botschaften sind wie Wegweiser, die uns verschiedene Richtungen auf unserem Weg der Entfaltung zeigen. Sie möchten uns ermuntern und unterstützen. Sie sind den Menschen gegenüber liebevoll und respektvoll, obwohl sie manchmal streng klingen. Das entsteht durch die Wörter als Anpassung an die menschliche Ausdrucksform. Das andere, worauf ich verweisen möchte, ist die Möglichkeit, daß wir durch die Aufmerksamkeit, die wir diesen Botschaften schenken, auch selbst mit der Engelwelt und mit all diesen Wesenheiten, die versuchen uns zu helfen, in Beziehung treten.

Was wünschst Du Dir für das Buch und die LeserInnen, die es in den Händen halten?

Obwohl ich mir bewußt bin, daß es dabei nicht um meine eigenen Gedanken geht, bin ich glücklich, daß mir Gelegenheit gegeben wird zu helfen und hoffe, daß die Botschaften ein Ansporn sind und Glück oder Trost an Menschen herangetragen wird. Ich wünsche den LeserInnen die Kraft der Liebe zu erspüren, die darin enthalten ist. Es ist heilsam, wenn sie diese Kraft in ihre Herzen einlassen und damit ihr Leben erfüllen. Es wird dadurch eine Hilfe geleistet an uns selbst, an uns allen und an unserem Planeten.

Wird es weitere Bücher und Mitteilungen geben? Was hast Du für Pläne, Wünsche und Aufgaben für die Zukunft?

Ich glaube, es wird keinen Mangel an Botschaften geben. Im Gegenteil, sie werden in Zukunft noch zunehmen. Je mehr wir uns der

Ganzheit des Lebens öffnen, desto mehr Hilfe, Unterstützung und Lenkung brauchen wir, um uns durch die Erfahrungen hindurchzuarbeiten, die wir als Menschen benötigen.

Einst waren Menschen ganz natürlicherweise mit all diesen Welten und Wesenheiten verbunden. Dann haben wir uns tiefer in die Materie begeben. Vom Herzen weg sind wir zum Kopf übergegangen und haben somit die Beziehung zu all dem Unumgänglichen verloren. Jetzt wiederum kommt eine Phase, in der wir zu erkennen beginnen, daß die Engelwelten nicht außerhalb von uns existieren, so wie wir es zu verstehen gewohnt waren, sondern daß sie in ihrem Wesen ein Teil von uns sind und wir gemeinsam eine unteilbare Ganzheit darstellen.

Man muß zuerst sich selbst kennenlernen, um zu erkennen, was man in seinem Herzen trägt. Es ist wichtig, sich dann wieder mit all diesen Kräften zu verbinden, da sie ja im Begriff sind, die menschliche Evolution zu leiten. Ein Menschenleben ist nämlich zu kurz, um die gesamte Entwicklung durchzumachen, also wird eine Kraft gebraucht - die Engelwelt - die die Information hütet und bewahrt und uns Einzelnen dadurch ermöglicht, bei jeder neuen Verkörperung an dem

Punkt fortzufahren, an dem wir im vorherigen Leben stehengeblieben sind.

Ich meine es ist an der Zeit, die Beziehungen zur Engelwelt, die weitgehend verlorengegangen sind, erneut aufzubauen; diesmal selbstverständlich auf einer neuen, höheren Ebene.

Ich versuche, so wenig wie nur möglich an die Zukunft zu denken. Stattdessen vertraue ich dem Leben. Wie schon gesagt, meine Entwicklung kam auf einem natürlichen Wege zustande, und ich weiß, wenn die Zeit für einen weiteren Schritt reif ist, wird mich das Leben selbst dorthin führen. Wir suchen viel zuviel uns in die Vorgänge einzumischen, z.B. in das Leben, die an sich durch eine von uns kaum erahnbare Vollkommenheit geprägt sind. Dadurch wird vieles verstümmelt. Ich möchte damit jedoch nicht die Bedeutung unserer Selbständigkeit abwerten. Wir sind in jedem Fall diejenigen, die die Entscheidungen treffen. So sagt auch die erste Botschaft in diesem Buch: "Das Leben ist ein Labyrinth, durch das Du kommen mußt. Es liegt aber an Dir, welchen Weg Du gehen wirst."

Ljubljana, im Mai 1996

Botschaften aus der Engelwelt

1

Das Leben ist ein Labyrinth, durch das Du kommen mußt. Es liegt aber an Dir, welchen Weg Du gehen wirst.

Zivljenje je labirint, skozi katerega morate priti; od vas pa je odvisno, po kateri poti boste šli.

2

Es gibt nur einen Weg, der augenblicklich der richtige für dich ist, und das ist der Weg, auf dem Du dich befindest.

Samo ena pot je trenutno prava za vas in to je ta, na kateri ste.

3

Frage nicht, ob Du des Lebens wert bist.
Wenn nicht, würdest Du nicht leben.

Ne sprašujte se, če ste vredni življenja; če ne bi bili, ne bi živeli.

4

Ein Ereignis sollte zuerst in die Gesamtheit des Lebens eingebettet werden, erst dann kannst Du seinen Wert ermessen.

Dogodek najprej umestite v celotno življenje in šele nato ocenjujte njegovo vrednost.

5

So lange Du das Leben nicht als eine Gabe akzeptieren kannst, so lange wirst du nicht leben können.

Dokler ne boste jemali življenja kot dar, ne boste znali živeti.

6

Manchmal ist es ein Geschenk, etwas zu verlieren - nimm es ruhig entgegen.

Včasih je darilo to, da nekaj izgubite; sprejmite ga.

7

Wenn Du nur wüßtest, wie wenig ein Mensch braucht, um glücklich zu sein.

Ko bi vedeli kako malo potrebuje človek, da je lahko srečen!

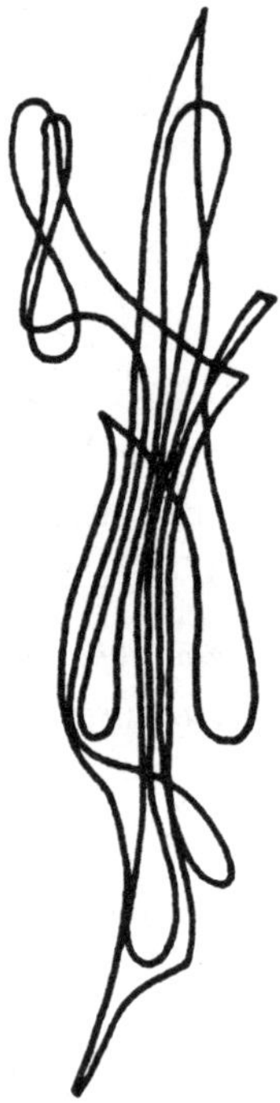

8

Jeder bekommt eine Aufgabe zugeteilt. Solange sie nicht erfüllt ist, kann man dieses Leben nicht verlassen.

Vsakomur je dodeljena neka naloga; dokler je ne opravi, ne more zapustiti tega življenja.

9

Liebe das Leben!

Ljubite življenje!

10

Erschrick nicht vor der Wahrheit.

Ne bojte se resnice.

11

Tod existiert nicht. Was Tod genannt wird, ist nur der Übergang von einer Dimension in eine andere.

Smrt ne obstaja; to čemur vi pravite smrt, je le prehajanje iz ene dimenzije v drugo.

12

Auch wenn Du im Vergleich mit dem Kosmos so klein bist, bist du stark.

Čeprav ste v primerjavi z vesoljem tako majhni, ste močni

13

Versuche nicht, die Macht zu übernehmen,
damit Du nicht ihr Sklave wirst.

Naj vas ne prevzame moč, ker boste postali njeni sužnji.

14

Da Du zu sehr daran hängst, was gewesen ist und was wird, hast Du das Gefühl, das das Leben in Deinen Händen zerrinnt.

Ker se preveč obešate na tisto, kar je bilo in kar bo, imate občutek, da vam življenje polzi iz rok.

15

Sei nicht ungeduldig, alles kommt im rechten Moment.

Ne bodite neučakani, vse pride ob pravem trenutku.

16

Dein weiterer Weg hängt davon ab, wie Du die Gegebenheiten des Augenblickes nutzen lernst.

Vaša nadaljna pot je odvisna od tega, kako boste znali izkoristiti danosti tega trenutka.

17

Ihr seid diejenigen, die Eure eigene Welt schöpft.

Vi ste tisti, ki ustvarjate svoj svet.

18

Es gibt kein Leben ohne Entwicklung und keine Entwicklung ohne Leben.

Ni življenja brez razvoja in ni razvoja brez življenja.

19

Bist Du nicht daran interessiert, wer Du in Wahrheit bist?

Ali vas ne zanima, kdo ste v resnici?

20

Mit jedem Augenblick wirst Du reicher.

Z vsakim trenutkom ste bogatejši

21

Das Leben ist auf Deiner Seite.

Zivljenje je na vaši strani.

22

Lerne, die Sprache des Lebens zu verstehen.

Učite se razumeti jezik življenja.

23

Versuche nicht, das zu sein, was andere sind.
Sei, was Du bist.

Ne poskušajte biti to kar so drugi, bodite to kar ste.

24

Du schuldest den anderen nur so viel, als Du Dir selbst schuldig bist.

Drugim dolgujete le toliko, kolikor dolgujete sebi.

25

Gib, um zu geben und nicht, um zu empfangen.

Dajajte zato, da date in ne zato, da bi prejeli.

26

Wir alle leben für alle.

Vsi živimo za vse.

27

Laß Dir Freiheit.

Pustite si svobodo.

28

Lerne, die Stille zu lauschen.

Naučite se prisluhniti tišini.

29

Versuche nicht, vor Deinen Aufgaben zu fliehen.

Ne skušajte bežati pred svojimi nalogami.

30

Betrachte nicht die Beziehung der anderen zu Dir, sondern Deine Beziehungen zu den anderen.

Ne glejte odnosa drugih do vas, temveč vaš odnos do drugih.

31

Wenn Du nach Glück suchst, suche es in Dir.

Ko iščete srečo, jo iščite v sebi.

32

Wenn Du Dich unter vielen Wegen für einen entschließen müßtest, so suche jenen aus, der Wandlungen bringt.

Če se morate odločiti za eno izmed več poti, izberite tisto, ki prinaša spremembe.

33

Du sündigst nur, wenn Du Dich selbst überzeugst, daß Du sündigst. Die Sünde besteht ansonsten nicht.

Grešite le tedaj, ko sami sebe prepričujete, da grešite; greh sicer ne obstaja.

34

Nimm das Leben als Spiel und genieße es.

Zivljenje jemljite kot igro in uživajte v njej.

35

In jedem ist ein Funken des Glücks und der Freude, es ist nur die Frage, ob Du ihn verstehst zu entfachen.

Iskra sreče in veselja je v vsakem človeku, vprašanje je le, če jo znate zanetiti

36

Das Tor zum ganzheitlichen Leben steht immer offen. Du brauchst nur Tapferkeit, um einzutreten.

Vrata v celostno življenje so vedno odprta; potrebujete le pogum, da vstopite.

37

Jede Erfahrung, möge sie nach Deiner Einschätzung gut oder schlecht sein, ist nützlich.

Vsaka izkušnja, pa naj bo po vašem merilu dobra ali slaba, je koristna.

38

Es hängt von Dir ab, wieviel Du vom Leben davontragen wirst.

Od vas je odvisno, koliko boste odnesli od življenja.

39

Die Gaben, die Du erhältst, empfange sie liebevoll und teile sie mit anderen.

Darove sprejmite z ljubeznijo in jih delite z drugimi.

40

Bist Du überhaupt noch fähig, ohne Schwierigkeiten zu leben? Du wirst zu abhängig von ihnen.

Ali sploh še znate živeti brez težav? Vse preveč postajate odvisni od njih.

41

Du verhälst Dich so, als ob Du nicht abhängig wärst von dem Planeten, auf dem Du lebst.

Obnašate se, kot da ne bi bili odvisni od planeta, na katerem živite.

42

Versuche nicht die Stufen Deiner Entwicklung zu überspringen.

Ne skušajte preskakovati stopenj svojega razvoja.

43

Du selbst baust Schranken auf.

Sami gradite pregrade.

44

Du sollst Freude mit anderen teilen, sie wird dadurch größer.

Veselje delite z drugimi, in to bo še toliko večje.

45

Eigene Wünsche sollen Dich nicht umklammern.

Želje naj vas ne oklenejo.

46

Du sollst nicht versuchen, Herr Deiner Seele zu werden, denn dabei wirst Du enttäuscht werden.

Ne poskušajte postati gopodarji svoje duše, ker boste razočarani.

47

Die Welt um Dich herum ist ein Spiegel
Deiner selbst.

Svet okoli vas je ogledalo vas samih.

48

Du sollst lernen zu empfangen.

Naučite se sprejemati.

49

Es ist nur Deine Vorstellung, daß das Leben in falschen Bahnen verläuft. Das zeigt, daß Du nicht bereit bist, Dich selbst zu erkennen.

Da gre življenje po napačnih tirih, je le vaša ideja, ki kaže na to, da se nočete spoznati.

50

Lebe nicht im Vergangenen, sondern bewege Dich vorwärts.

Ne živite v preteklosti, temveč pojdite naprej.

51

Jeder Augenblick soll Dein Augenblick sein.

Vsak trenutek naj bo vaš trenutek.

52

Nie wirst Du vollkommen werden, wenn Du der Vollkommenheit nachjagst.

Nikdar ne boste popolni, če se boste gnali za popolnostjo.

53

Du wirst die Welt anders sehen, wenn Du Dich akzeptieren wirst, so wie Du bist.

Drugače boste gledali na svet, ko se boste sprejeli takšne kot ste.

Nachwort

Bei einem Besuch in Slowenien Anfang 1996 lernte ich die drei bisher erschienenen Bücher von Ana kennen und war unmittelbar berührt von der Schönheit und Aussagekraft der Zeichnungen - Botschaften. Spontan entstand die Idee, ein vergleichbares Buch in Deutschland herauszugeben.

Besonderer Wert wurde auf die getreue Übertragung der Texte und Botschaften von Licht des Herzens gelegt. Im Gespräch weist Ana darauf hin, daß die reinste Form in den Zeichnungen zu finden ist. Bei der Übersetzung kam es nun darauf an, möglichst dicht an der ursprünglichen Fassung zu bleiben, die Eigenart der slowenischen Sprache zu erhalten und gleichzeitig den deutschen LeserInnen bei Wortwahl und Satzstellung gerecht zu werden. Dieses Problem ergibt sich bei jeder Übersetzung. In diesem Falle kommt hinzu, daß die Sprüche durchaus den Charakter von Mantren haben. Erinnert sei an die japanische Form des Haiku oder an das Koan im Zen - Buddhismus, wo der ungewöhnliche Ausdruck, ja die anfänglich widersprüchliche Aussage, im Laufe der Zeit Zugang zu verborgenen Schichten der Wahrheit gewährt. Im wiederholten Umgang mit einer Botschaft kann sich ähnliches vollziehen und Wandlungen ermöglichen. Wenn manche Formulierung von dem Gewohnten abweicht, so ist das begründet durch Inhalt und Entstehungsgeschichte von LICHT DES HERZENS.

Nicht eine äußere Rechtschreibreform ist heute erforderlich, vielmehr ein neuer Zugang zu der inneren Gebärde eines Satzes und der Sprache überhaupt. Das erlaubt es, die Dinge neu wahrzunehmen und wie eine Frage an sich herantreten zu lassen.

In den letzten Jahre hat es eine Flut von Veröffentlichungen zum Thema Engel gegeben. Was noch vor zehn Jahren als unvorstellbar galt, interessiert heute viele Menschen und wird zum eigenen Erlebnis. Nur einige Titel sollen hier beispielhaft genannt werden:

Dan Lindholm, "Vom Engel berührt", Stuttgart 1989; Rex Hauck, "Engel - die unsichtbaren Boten", München 1995; H. C. Moolenburgh "Engel als Beschützer und Helfer des Menschen" Freiburg 1985; die Bücher von Joan Wester Anderson "Where Angels Walk", "An Angel to Watch Over Me" und "Where Miracles Happen"; von Eileen Elias Freeman (Direktorin der "Angel Watch Foundation" in Amerika) "Himmlische Begleiter" und "The Angel's Little Instruction

Book" sowie Michaela Glöckler "Vom Wirken der Engel im menschlichen Leben", Esslingen 1997.

Unser Jahrhundert hat zahlreiche Spuren der Engel aufzuweisen, gerade in außergewöhnlichen Situationen und häufig durch Erlebnisse junger Menschen. Davon zeugen auch die Berichte von Gitta Mallasz "Die Engel erlebt" und "Die Antwort der Engel" aus den Jahren des Zweiten Weltkrieges.

„Die Mysterien finden im Hauptbahnhof statt", so hat Joseph Beuys treffend die Situation charakterisiert, in der wir uns befinden. Nicht mehr der besondere Ort allein schafft die Voraussetzung für Begegnungen mit dem Übersinnlichen, auch nicht die langjährige Führung und Auserwählung durch einen weisen Lehrer. Das Besondere ist im Begriff, "alltäglich" zu werden, und jeder Mensch kann in sich die Voraussetzungen schaffen, die zu neuen Erfahrungen führen. Zuweilen treten sie fast unbemerkt auf, dann wieder mit überwältigender Wucht, so daß sich das weitere Leben grundlegend ändert.

Gerade junge Menschen bringen angesichts dieser Situation erstaunliche Offenheit und auch Gaben mit (vgl. "Alte und neue Seelenfähigkeiten", Flensburger Hefte 34, 1991).

Ana gehört dieser Generation an und verbindet scheinbar mühelos die so unterschiedlichen Bereiche ihres Lebens. Sie hat sich ihre Natürlichkeit und Bescheidenheit bewahrt, und man lernt sie kennen als junge, aufgeschlossene und selbstbewußte Studentin, wie sie zahlreich in der slowenischen Hauptstadt Ljubljana anzutreffen sind.

Die Menschheit insgesamt und jeder einzelne Mensch für sich lebt heute in einer wahrlich epochalen Wendezeit. Es bedarf großer innerer Anstrengung, um die Orientierung nicht zu verlieren und wie bei den zahlreichen Berichten über Engel zu verläßlichen Urteilen zu gelangen. Am Anfang dieses Jahrhunderts hat Rudolf Steiner wiederholt auf die bevorstehenden Entwicklungsschritte hingewiesen. In den geisteswissenschaftlichen Schriften und in vielen Vorträgen hat Steiner, der Begründer der Anthroposophie, auf die Bedeutung der Engelwelt aufmerksam gemacht und ihre Bereitschaft beschrieben, mit den Menschen zusammenzuarbeiten. Besonders aufschlußreich ist der Vortrag "Was tut der Engel in unserem Astralleib", der in Zürich am 9. Oktober 1918 kurz vor dem Ende des Ersten Weltkrieges gehalten wurde (Gesamtausgabe, Band 182). Die Hauptaussagen lassen sich folgendermaßen zusammenfassen: Die geistigen Hierarchien arbeiten noch immer planvoll an und in den menschlichen Hüllen. Die Menschen sollen sich klar werden über die Tätigkeit der ihnen am nächsten stehenden Angeloí, die unter Anleitung höherer hierarchischer Wesenheiten Bilder im Astralleib formen. Ohne diese Bilder gibt es keine Entwicklung in die Zukunft, sie entstehen und vergehen und sind nach bestimmten Prinzipien aufgebaut. Für die künftige soziale Gestaltung haben die Engel Absichten, die sie den Menschen durch diese Bilder vermitteln wollen:

- brüderliches Zusammenwachsen des Menschengeschlechtes, kein Mensch soll zukünftig sein Glück genießen, wenn andere neben ihm unglücklich sind;

- freie Religiosität, da in jedem Menschen das Ebenbild der Gottheit anerkannt wird. Die Begegnung von Menschen wird zur religiösen Handlung, zum Sakrament, der Mensch wird erfaßt als Bild, das sich aus der geistigen Welt offenbart;

- durch das Denken wird der Mensch zum Geiste finden und eine unwiderlegbare Einsicht in die geistige Natur der Welt erlangen.

Wie ein mächtiger Dreiklang der Weltenmusik tönt es durch die Arbeit der Engel: Geisteswissenschaft für den Geist, Religionsfreiheit für die Seele, Brüderlichkeit für den Leib!

Die Engel können Impulse zu dieser Entwicklung geben, doch ist sie ganz in die Freiheit des menschlichen Willens gestellt. Wenn die Menschen diese Impulse verschlafen oder sich von den Absichten anderer Wesenheiten ablenken lassen, müßten die Engel in den schlafenden Ätherleib untertauchen. Es käme dann zu instinktiven Erkentnissen, die nicht im Freiheitsbewußtsein begründet sind und als schädliche Zerrbilder die zukünftige Entwicklung prägen würden:

- instinktive Erkenntnisse über das Mysterium von Geburt und Empfängnis würden dann vorherrschen. Die Menschen, so Steiner, würden durch ihre sexuellen Instinkte zu halben Teufeln und sich gegen die Brüderlichkeit auflehnen;

- es würden instinktive Einsichten in die Heilkraft gewisser Substanzen und Verrichtungen erlangt, die ungeheuren Schaden anrichten, das Kranke würde als gesund angesehen werden;

- durch die Harmonisierung von Schwingungen könnten große Maschinenkräfte entfesselt werden, und die geistige Lenkung des maschinellen und mechanischen Wesens würde die Technik in ein kaum zu bändigendes Fahrwasser treiben.

Angesichts der heutigen Situation mag jeder selbst beurteilen, an welchem Punkt wir bereits angelangt sind. Deutlich geworden ist hoffentlich, welche außerordentliche Bedeutung das bewußte Aufnehmen der Bilder und Impulse aus der Engelwelt hat. Darin liegt auch der Wert des vorliegenden Buches und Anas unermüdlicher Bereitschaft begründet, mit ihren Möglichkeiten zu helfen und zu vermitteln.

Der amerikanische Schriftsteller und Literaturnobelpreisträger Saul Bellow hat in seinem Roman "Mehr noch sterben an gebrochenem Herzen" offensichtlich Elemente des erwähnten Vortrages von Rudolf Steiner in die Handlung eingewoben. Der Held des Romans, der erfolgreiche Botaniker Professor Benn Crader, verliert seine Gabe des Pflanzenhellsehens, als er durch die "ganz natürliche Sehnsucht nach Liebe in die Mühlen des sexistischen Materialismus" gerät. In dieser Grenzsituation und im Begriff zu scheitern entschließt er sich zu einem radikalen Lebenswandel. Der Neffe von

Benn Crader, der junge Assistenzprofessor für Slawistik, Kenneth Trachtenberg, schildert die Begebenheiten in Ich-Form. Sein Russisch-Lehrer Jermelow wußte um die Aufgabe der Engel und die drohenden Gefahren, wenn die Menschen nicht wach genug sind. Seine Aussagen könnten unmittelbar dem Vortrag Steiners entlehnt sein.

Engel sind Boten (griech. angelos = der Bote) und Vermittler zugleich. Von ihnen berührt zu werden, kann, gerade unvorbereitet, erschütternd, ja schrecklich sein. Unsere Gedanken und besonders unsere Lebensideale sind wie Nahrung für die Engel, die sie wahrnehmen und auf die sie angewiesen sind. Dort, wo der Mensch sich in Selbsterkenntnis um Entwicklung bemüht, entstehen Berührungspunkte, und das Zusammenwirken wird möglich.

Am Ende seines Vortrages vom 9. Oktober 1918 gibt Steiner einen bemerkenswerten Hinweis, wie das wachende Bewußtsein geschult werden kann. Jeden Tag unseres Lebens geschehen Wunder. Ein Tag ohne Wunder bedeutet nichts anderes, als daß wir sie verschlafen und aus den Augen verloren haben. Von der Beobachtung der Dinge, die hätten passieren können, die aber verhindert wurden - von der weisheitsvollen Führung unseres Lebens - "bis zur Beobachtung des webenden und wirkenden Engels in unserem astralischen Leibe ist ein gerader ... und sicherer Weg, den wir einschlagen können."

Das Buch LICHT DES HERZENS enthält 53 Botschaften, von denen die erste das Labyrinth des Lebens wie ein Leitmotiv anspricht. Beim Durchgang durch die 52 Wochen eines Jahreskreises kann im wöchentlichen Wechsel eine Zeichnung - Botschaft im Mittelpunkt der Betrachtung stehen. Wer möchte, der kann die Formen auch laufen und so in ihrer Bewegung erkunden.

Auch diese Anregungen sind ganz freilassend aufzufassen. Das Licht des Herzens entzündet jeder Mensch selbst.

Ottersberg, 2. Februar 1997

Peter Vieweger

Seite